EXPLICANDO
El estudio de la Biblia

DAVID PAWSON

ANCHOR RECORDINGS

Traducido por Alejandro Field

Esta traducción internacional español se publica por primera vez
en Gran Bretaña en 2017 por
Anchor Recordings Ltd
DPTT, Synegis House, 21 Crockhamwell Road,
Woodley, Reading RG5 3LE

**Si desea más de las enseñanzas de David Pawson,
incluyendo DVD y CD, vaya a
www.davidpawson.com**

**PARA DESCARGAS GRATUITAS
www.davidpawson.org**

**Si desea más información, envíe un e-mail a
info@davidpawsonministry.com**

ISBN 978-1-911173-59-5

Este libro está basado en una charla. Al tener su origen en la palabra hablada, muchos lectores encontrarán que su estilo es algo diferente de mi estilo habitual de escritura. Se espera que esto no afecte la sustancia de la enseñanza bíblica que se encuentra aquí.

Como siempre, pido al lector que compare todo lo que digo o escribo con lo que está escrito en la Biblia y, si encuentra en cualquier punto un conflicto, que siempre confíe en la clara enseñanza de las escrituras.

David Pawson

David Dawson

EXPLICANDO
El estudio de la Biblia

Quisiera empezar haciendo cinco preguntas que puede contestar usted mismo. Primero, ¿cree que la Biblia es la Palabra de Dios? Segundo, ¿cree que es el libro más importante que alguien podría leer jamás? Tercero, ¿la ha leído? No pedacitos, sino todo. Cuarto, ¿ha leído algún otro libro completo? Ahora, al contestar esta última pregunta, piense cuidadosamente, porque Dios será testigo de su respuesta. La última pregunta es: ¿la leerá, toda?

Si lee tres capítulos por día y cinco el domingo, la terminará en doce meses, así que ahí tiene un objetivo. Reconozco que es un libro muy difícil de leer cuando se acerca a él por primera vez. Creo que lo primero que lo desanima es el tamaño. Tiene unas 750.000 palabras. No es frecuente que lea un libro de este tamaño. Son muchas palabras en un libro.

Tengo algo que me regalaron cuando tenía seis años. En ese entonces era la Biblia más pequeña del mundo, al punto que entraba en una caja de fósforos. Está forrada en cuero, y tiene dibujos incluso. A esa edad, podía leerla con mis propios ojos. No puedo hacerlo ahora, pero hay una pequeña lupa en la tapa que para ayudar a leerla. También tengo "la Biblia más pequeña del mundo" actual, un microfilm, un pedacito de plástico del tamaño de una estampilla, que contiene cada palabra de la Biblia. Cada punto es un capítulo entero, que he leído con un microscopio de magnificación 200x. Es una forma muy práctica de llevar toda la Biblia en el bolsillo. ¡La única desventaja es que uno tiene que llevar un microscopio también!

Pero es realmente un libro grande, y requiere mucho tiempo recorrerlo. Pero ése no es el mayor problema, aun cuando tenga 1500 páginas, con la letra como de un periódico, a dos columnas, que no es muy atractivo para leer. Han intentado producir Biblias con representaciones pictóricas, para los que solo les gusta ver imágenes, pero no es de mucha ayuda. El mayor problema al estudiar la Biblia es la brecha cultural entre usted y la Biblia. Fue escrita por lo menos dos mil años atrás, y a muchos kilómetros de aquí, en una cultura completamente distinta, y eso crea un problema. Estamos leyendo una Biblia que es bastante diferente de nuestro periódico. Después de todo, ¿alguna vez se sintió rebosando de curiosidad por saber lo que ocurrió con los amorreos? ¿Ha sido un tema que estuvo alguna vez en su horizonte? Simplemente no tenemos contacto con ese mundo diferente. No había telecomunicaciones, nada de lo que tenemos ahora. No había televisión, coches, nada. Un mundo diferente, una cultura diferente. ¿Cómo la leeremos?

Cuando llegamos a las genealogías, los primeros nueve capítulos del primer libro de Crónicas vemos nombres. Y aparentemente todo lo que hicieron durante siglos fue "engendrar": fulano y fulano engendraron a mengano y mengano, etc. Es como leer la guía telefónica, y ¿a quién le gusta hacer eso? Cuando leímos la Biblia de punta a punta en nuestra iglesia, nos llevó ochenta y dos horas y media. Fuimos más rápidos que otros, ya que en promedio la lectura en voz alta requiere ochenta y cuatro horas. Comenzamos el domingo a la noche y terminamos el jueves a la hora del desayuno. Alguien tuvo que leer todos esos nombres en Crónicas. Fue tedioso, y no es la única genealogía en la Biblia.

La Biblia es un libro de historia

Así que entiendo que a la gente le cueste leer y estudiar la Biblia. ¿Qué tipo de libro es? Bueno, a primera vista, cuando uno lo abre, es un libro de historia. Pero tiene algo único, ya que es diferente de todo otro libro de historia que encontrará alguna vez en una biblioteca pública. La diferencia es ésta: comienza antes y termina después que cualquier otro libro de historia del mundo. Comienza en el inicio mismo del universo, y termina con la finalización de nuestro universo y el comienzo de otro. Ningún otro libro de historia es tan abarcador como eso. Entonces, ¿lo leemos simplemente como un libro de historia? No. Lamentablemente, los libros no están en el orden cronológico correcto. El que ordenó a los profetas decidió poner al más largo primero y el más corto al final, desestimando por completo cuándo fueron escritos. De modo que tenemos a Isaías, Jeremías y Ezequiel primero, y luego sigue así hasta los más cortos, al final.

El mismo tipo de arreglo se aplica a las cartas de Pablo. ¿Cuál es la más larga que escribió? Romanos. ¿Cuál es la más corta? Filemón. Así que pusieron primero Romanos, y Filemón último. Están en el orden completamente equivocado. En realidad, algunas personas leen la Biblia exclusivamente como historia. Me impresiona mucho los escritos de un erudito llamado David Rohl. No es un creyente, pero ahora está totalmente convencido de la precisión histórica del Antiguo Testamento, a partir de su investigación en arqueología. Dice que es el libro más confiable de ese período histórico. Lo ha impactado tanto que ha ubicado al jardín del Edén para nosotros al estudiar todos los indicios de Génesis capítulo 2. Y cuando encontró el hermoso valle rodeado de montes vio que estaba todavía lleno de árboles frutales. ¿No es interesante? Tal vez usted ha comido frutas del valle sin saberlo. Pero algunas personas, incluyendo David Rohl, leen la Biblia puramente como historia.

La Biblia es un libro de romance

También podríamos decir que la Biblia es un libro de romance, un libro muy romántico. De hecho, si abre la Biblia justo en el medio aparece un canto de amor erótico llamado Cantares, que nunca menciona a Dios, la oración, la salvación o nada espiritual. Sin embargo, está en la Biblia. Pero toda la Biblia es una historia romántica. Es, de hecho, la historia de un Padre que busca una Esposa para su Hijo. Eso es suficientemente romántico y, como todo buen romance, termina con la boda. Siempre pienso que las novelas románticas tienen una costumbre extraña. Terminan diciendo: "... se casaron y vivieron felices siempre después". La Biblia finaliza con una boda. Jesús se llamó a sí mismo el Esposo, y la iglesia es llamada la Esposa. Es un gran romance de principio a fin.

Una biblioteca de libros

Pero, en realidad, hay partes que no encajan en esa categoría tampoco. Lo cierto es que la Biblia no es un libro, sino una biblioteca de sesenta y seis libros. Ésta es una de las cosas más importantes que puedo decir. No es *un* libro. El nombre mismo, "Biblia", es plural, y significa "libros". Es una biblioteca de libros separados, cada uno diferente de los otros sesenta y cinco. Recién cuando uno descubre el carácter de cada libro empieza a entender la Biblia mejor. Lo aliento a leer la Biblia de un libro por vez, sin picotear, leyendo un poco de aquí y un poco de allá. No es la forma en que trataría cualquier otro libro. Uno trata cada libro como tal. Dios nos dio su Palabra en libros; por lo tanto, es así como quiso que la leamos. Cuando lea un libro a la vez cambiará todo su entendimiento de la Biblia. Por eso escribí el libro *Abramos la Biblia*, para ayudar a las personas a leerla de un libro por vez. Le contaré la historia de cómo llegué a escribirlo.

Un grupo de pastores de un pueblito del valle del Thames,

en Inglaterra, vinieron a verme y me dijeron: "David, nuestra gente no está estudiando la Biblia por su cuenta. Vienen a escuchar a predicadores, cantan —les encanta cantar y la música—, pero no están leyendo la Biblia en casa por su cuenta. ¿Puedes hacer algo al respecto?". Dije que lo intentaría, que iría un domingo a la noche por mes durante cuatro meses. Cada una de esas noches me dedicaría a hablarles acerca de un libro de la Biblia. Mi objetivo sería interesarlos de tal forma en el libro que no verían la hora de llegar a sus casas y leerlo. Pero seguiría con la única condición de que todos leyeran el libro antes que yo fuera y volvieran a leerlo después, que todos los predicadores de las iglesias predicaran sobre ese libro el mes siguiente, y que todos los grupos caseros estudiaran ese libro durante el mes siguiente, de modo que al final de un mes pudieran sentir que conocían un libro.

Mi objetivo era no solo interesarlos tanto en el libro que no pudieran esperar para leerlo, sino darles suficiente información —material de su trasfondo y una perspectiva de su contenido— de modo que, cuando lo leyeran, se entusiasmaran por ese libro.

Así que fui la primera noche, y tres más, y dije: "Ahora conocen cuatro libros". Y vinieron todos los pastores y me dijeron: "David, nos gustaría agendarte por seis años". Les dije que podría estar en el cielo para entonces. Pero de hecho lo hicimos, y una vez al mes durante seis años fui a ese pequeño grupo de iglesias y las llevé a recorrer un libro de la Biblia. Usé fotos, mapas, gráficos, modelos —todo lo que podrían entusiasmarlos acerca de un libro— y fue grabado, pero solo en audio, y esas grabaciones salieron por todas partes muy rápidamente. Pero en seguida comencé a recibir quejas de personas que no podían ver las fotos, los mapas, los modelos o los gráficos que se mencionaban en las charlas. Entonces vino alguien y me dijo que tendría que volver a hacerlo todo, pero esta vez en video. "Oh", dije, "¡no puedo enfrentar eso!". Pero me persuadieron, y los siguientes años los pasé volviendo a recorrer la Biblia, libro tras libro, incluyendo en los videos las ayudas que había usado. Luego, una vez terminado, di un suspiro de alivio y pensé: "¡Ya está!".

Entonces un importante editor de Londres vino y me dijo: "David, tiene que estar todo por escrito, en un libro", y dije: "¡Oh, no! ¡No puedo volver a hacerlo!". Así que tomaron a un joven, que transcribió la pista de sonido de los videos, les dio cierta forma, y yo los edité y retoqué. Fue así que se escribió *Abramos la Biblia*. Escribir este libro, entonces, requirió entre doce y quince años. Pero fue el fruto de que algunos pastores vinieran a pedirme que ayudara a que su gente leyera la Biblia. Ahora es historia para mí.

Cómo estudiar la Biblia
Ahora bien, ¿cómo estudiar la Biblia? Bueno, permítame decirle primero cómo no hacerlo. Hay varias formas en que la gente lee la Biblia. Una es el "chapuzón de la suerte". ¿Sabe a lo que me refiero? Es asombroso cuántas personas usan ese método. Como el hombre que señaló con su dedo al azar un versículo que decía: "Judas salió y se ahorcó". Así que cambió rápidamente de lugar y volvió a apuntar con el dedo en otro versículo que decía: "Ve tú y haz lo mismo". No es forma de leer la Biblia.

Algunos la tratan como una dosis de un remedio. "Doce versículos a diario mantiene al Diablo alejado". Así que leen su porción religiosamente solo para mantenerlo a raya. Algunos tratan la Biblia como la lectura del horóscopo, como leer las estrellas. La leen con la esperanza de que algo en ella simplemente encajará con su vida ese día. No intente leer la Biblia así. A veces podría funcionar, pero no fue la intención de Dios que la leyera así, simplemente extrayendo un texto que encaje con la situación que está viviendo. Un joven empresario vino y me dijo: "David, estoy pensando en comprar una tienda en medio de Birmingham para convertirlo en un café y llegar a los jóvenes. Le pedí al Señor que me diera una guía acerca de si debía comprarla, y encontré un texto en mi lectura diaria que decía: 'Tengo mucha bendición guardada para ti'. ¿Piensa que Dios me ha dado suficiente orientación como para comprar la tienda?". Le dije: "No, a menos que él te dé más guía que eso, no gastes tu dinero". Pero las personas pueden encontrar justo una palabra que les habla de esta manera. A veces Dios lo usa, para mi asombro. Yo no lo haría, pero él a veces lo hace.

Un amigo compró un avión hace muchos años, y pagó 3800 libras, porque era de segunda mano. Estaba leyendo la Biblia y encontró esto en el libro de Apocalipsis: "Vi un ángel volando en medio del cielo para llevar el evangelio eterno a los pueblos del mundo". Creyó que era una palabra de Dios, así que ese avión pasó ser el comienzo, el primer avión, de una fuerza aérea misionera que está operando ahora en todo el mundo, llamado Missionary Aviation Fellowship. Mi primer vuelo fue en ese avión. Tengo que reconocer que Dios usó esa palabra, aunque habla de un ángel, no un avión. Pero él la tomó como una guía, y Dios honró esa fuerza aérea. Fue justo después de la Segunda Guerra Mundial. La primera tripulación de ese avión todavía está viva, y estoy en contacto con ellos aún hoy. Pero no es la forma habitual de guía de Dios, y si usted intenta encontrar alguna palabra que encaje en su situación, podría ocurrir o no.

Muchas personas intentan usar las notas de lectura de la Biblia de algún gran predicador. Bueno, me temo que si usted usa notas de lectura de la Biblia, no se lo garantizo, pero creo que leerá las notas más que la Biblia. Leerá el pasaje del día y luego estudiará las notas. Quiero que las personas estudien la Biblia, no notas acerca de la Biblia. Esto es comer de la cuchara de otra persona. Quiero alentar a las personas a introducirse en el texto y descubrir tesoros por sí mismas. Así que mi libro *Abramos la Biblia* no hace una lectura de la Biblia por usted —lejos de ello—, sino que lo introduce en la Biblia. He recibido muchas cartas y llamadas telefónicas que dicen: "Ahora disfruto de leer la Biblia". Es la mejor recompensa que podría tener.

De modo que hay formas de no leer la Biblia, y formas de leerla. Lo aliento que trate la Biblia como una biblioteca, y que lo lea de un libro por vez. ¿Qué otro libro trataría como trata la Biblia? Si toma uno de los libros de Agatha Christie, ¿comenzaría a leer en el capítulo 13 un párrafo, luego volvería al capítulo 5 y leería algo ahí, para luego ir al final del libro para leer cómo termina? Si va de un lado a otro en el libro, de esta forma, nunca obtendrá el mensaje del libro. Necesita leer el libro, así que antes de comenzar a estudiar cualquier parte de la Biblia, lea el libro completo para encontrar la respuesta a una pregunta: ¿por qué fue escrito este libro? Una vez que tenga esa respuesta, esa llave le destrabará todo el libro, y lo convertirá en un libro diferente. Hasta tanto tenga esa respuesta, podrá leer pedazos y simplemente no tendrán el sentido que buscó Dios. Podría sacar algún sentido de un versículo, o unos pocos versículos, pero han sido colocados en un libro por un motivo.

La Biblia ha sido dividida
Volvamos ahora a algo que me molesta bastante, algo que da vueltas en mi mente. Los números de capítulos y de versículos nunca fueron idea de Dios. No hubo números de capítulos y de versículos en la Biblia durante siglos. Uno tenía que saber moverse en la Biblia por el contexto. Uno no podría buscar un texto. Así que, en esos primeros días, la gente "escudriñaba las Escrituras". No hacemos eso ahora, sino que las buscamos. Yo no soy uno de esos predicadores

que dicen: "ahora busquen Ezequías 3:16" (que no existe, en realidad, pero sabe a lo que me refiero). Una vez dije eso en una reunión y vi que alguien sacó la Biblia y empezó a buscarlo. "¿Dónde está Ezequías 3:16?". Les dije que decía: "No deben ir al cine el domingo", y empezaron a buscarlo, tratando de encontrarlo.

No digo que busquen tal capítulo y tal versículo. Solo hago lo que hacían los apóstoles. Ellos decían: "Lo encontrarán en Isaías", y uno tenía que buscar todo Isaías para encontrar lo que decían, y eso es bueno. Dicho sea de paso, ¿sabía que Dios silba? ¿Lo sabía? Aparece dos veces en el libro de Isaías, pero no le diré los capítulos y versículos, porque Dios no quiso que su Palabra estuviera en capítulos y versículos. ¿Cómo se introdujeron ahí? Bueno, los capítulos se metieron, lamento decirlo, por un arzobispo de Canterbury. Se llamaba Stephen Langdon, y hasta puedo darle el año (1205). Él decidió dividir la Palabra de Dios en capítulos, y le llevó un tiempo largo.

Así que esa es la razón por la que la tiene en capítulos, y algunas de esas divisiones de capítulos aparecen en los peores lugares, dividiendo lo que Dios quería que estuviera junto. Le daré cuatro ejemplos. En el libro de Génesis, los seis días de creación están en el capítulo uno, pero el séptimo día está en el capítulo dos, y tendrían que estar juntos. Ha puesto una división de capítulo ahí que separa la historia de la creación: el día séptimo de los otros seis. O tomemos uno mis capítulos favoritos —y de usted—: Isaías 53. Es un canto acerca del Siervo Sufriente de Dios que sufre por los pecados de su pueblo, y tiene esos versículos majestuosos: "Él fue traspasado por nuestras rebeliones, y molido por nuestras iniquidades; sobre él recayó el castigo, precio de nuestra paz, y gracias a sus heridas fuimos sanados". Usted conoce el capítulo; es un canto. Pero los primeros versos del canto están al final del capítulo 52, que raramente se lee en conexión con el capítulo 53. Los primeros versos son vitales: fijan el tono, el tema e introducen al lector al canto. Pero las personas leen Isaías 53 sin leer el final de Isaías 52.

Tome dos ejemplos del Nuevo Testamento. Uno está en Hechos 18 y 19. Al principio del capítulo 19 Pablo llega a Éfeso y encuentra algunos discípulos cristianos, pero falta algo, así que les pregunta: "¿Recibieron el Espíritu Santo cuando creyeron?". Y ellos dijeron: "¿Qué es el Espíritu Santo?". ¿Cómo podría uno tener discípulos cristianos que no conocieran el Espíritu Santo? Bueno, es posible. Hay bastantes hoy. Pero, ¿por qué había discípulos cristianos en Éfeso a los que nunca se les había hablado acerca del Espíritu Santo? La respuesta es que el predicador que tenían era un hombre llamado Apolos, que conocía todas las escrituras —conocía la Biblia, todo lo que tenían en su tiempo, y conocía a Jesús y hablaba de ambos temas—, pero nunca les había hablado acerca del Espíritu Santo, porque él mismo no conocía el Espíritu Santo. ¡Y todo eso están en el capítulo 18! Así que nunca entenderá el capítulo 19 si no lee el capítulo 18 primero.

El mayor y peor ejemplo de las divisiones de capítulos está en el libro de Apocalipsis. Este libro está lleno de sietes. Hay siete iglesias y siete cartas a esas siete iglesias al principio, y cada una de las cartas tiene siete partes. Más tarde leemos acerca de siete sellos y luego siete trompetas y luego siete copas de ira derramadas sobre la tierra. Todos piensan que ahí finalizan los sietes, pero no es así. El libro finaliza con siete visiones que van juntas, pero que raramente se leen en conjunto, porque están divididas a lo largo de tres capítulos: 19, 20 y 21. Como las siete visiones están distribuidas en esos tres capítulos, los lectores no se dan cuenta de que hay siete, justo al final del libro de Apocalipsis. Esa división ha tenido consecuencias muy serias.

¿Ha oído las palabras "posmilenario", "amilenario"

y "premilenario" con relación al regreso del Señor? Esa controversia se debe a la división de esas siete visiones en tres capítulos. ¡Y cómo han discutido los cristianos! Algunos cristianos ahora dicen: "Yo soy panmilenario, porque significa que todo terminará bien al final". Esto es lavarse las manos.

Pero toda esa discusión surgió de las divisiones de capítulos en la última serie de siete visiones. Así que trate de olvidarse de los números de capítulos, y sobre todo olvídese de los números de versículos. Estos últimos fueron agregados por un impresor que vivía en París, llamado Stephanus. Tenía que ir a Lyon, y viajó con un carruaje tirado por caballos, un viaje muy largo. Bueno, tenía su Biblia ya dividida en capítulos, y para pasar el tiempo en el viaje dividió los capítulos en versículos. Lo hizo para nuestra conveniencia, pero ha dañado nuestra comprensión de la Biblia.

La palabra "texto" ha cambiado su significado completamente como resultado de esos números de versículos. Originalmente, texto —el texto de la Biblia— significaba toda la Biblia. En inglés-español normal todavía significa todo un libro, el texto del libro. Pero en círculos cristianos la palabra "texto" ha llegado a significar una oración en un libro, un versículo. Empezamos a arrojarnos textos, a menudo fuera de contexto, y hemos perdido el verdadero significado del texto porque lo hemos sacado del resto del texto.

A veces pregunto a un público o congregación si conocen Juan 3:16. Se alzan muchas manos. Luego pregunto cuántos pueden decir Juan 3:17, y por lo general solo se alzan unas pocas manos. Después pregunto quién puede decir Juan 3:15, y hay una cantidad igual de pequeña. Y si uno no conoce el versículo 15 y el 17, no entenderá el versículo 16. La frase más importante es "de tal manera". No significa que Dios amó *taaaaanto* al mundo. No significa que Dios amó al mundo *taaaaanto*. La frase "de tal manera" ahí significa "así", de la misma forma. Así fue como Dios amó al mundo. Esa frase, "de tal manera", está diciendo que él amó al mundo de la misma forma que lo hizo antes, y hace referencia a los versículos 14 y 15. Lo que Dios hizo en los versículos 14 y 15 demostró su amor siglos antes, y entonces: "Porque de tal manera Dios amó al mundo"; *de la misma forma*. Cuando uno lee los versículos 14 y 15, encuentra que Dios había enviado serpientes venenosas que estaban matando al pueblo de Israel porque se habían quejado por el alimento que Dios proveyó. Cuando le rogaron que quitara las serpientes, les dijo: "No, les daré un antídoto al veneno de las serpientes. Ustedes tienen que hacer algo. Cuando sean mordidos por una serpiente, suban a la montaña donde Moisés ha puesto una serpiente de metal en un palo y mírenla. Cuando lo hagan, encontrarán que el veneno dejará el sistema". Entonces (versículo 16) dice: "Porque de tal manera amó Dios al mundo que dio a su Hijo unigénito…" En el versículo 15, Jesús dijo: "como Moisés levantó la serpiente en el desierto, de la misma manera (la misma palabra) el Hijo del Hombre deberá ser levantado". ¿Ve cómo el contexto es tan importante si quiere entender el texto? Pero esos números de versículos significa que miramos un solo texto y lo citamos como si lo conociéramos.

Le daré un solo ejemplo más de esto. Tiene que haber escuchado el dicho "un texto fuera de contexto es un pretexto". Bueno, déjeme darle un ejemplo. Éste es un texto que escuché citado recientemente: "Todo lo puedo en Cristo que me fortalece". ¿Conoce ese versículo? Quiero que piense en algo que puede hacer porque Cristo lo fortalece, cualquier cosa que usted no podría hacer sin él, pero que pueda hacer con él. Piense en algo que entre en la categoría de todas las cosas que puede hacer a través de Cristo que lo fortalece. ¿Pensó en dinero? ¿No? Bueno, este versículo habla de poder vivir con el dinero que uno tiene. Pablo dice, en ese versículo de Filipenses, que ha aprendido, sea cual fuera el estado en que se encuentre, a estar satisfecho. Dice que si entra mucho dinero, está satisfecho; si solo entra poco dinero, está satisfecho. Lo opuesto de estar satisfecho es ser codicioso o avaro, y son las personas avaras las que no pueden manejar su dinero. Y, ¿no es asombroso que, cuanto más tienen, más quieren? "Gran ganancia es la piedad acompañada de contentamiento", dijo Pablo. Y lo sabía. Cuando pregunto en iglesias en Gran Bretaña, en promedio un tercio de las personas tiene deudas. Estar en deuda, según el Nuevo Testamento, es robar. Hay dos formas de robar dinero. Una es robar dinero de otras personas, y la otra es retener dinero de personas a las que les pertenece. Cuando uno se mete en una deuda, es decir que se atrasa en sus pagos, está robando a las personas de dinero que les pertenece. Es serio. En el Nuevo Testamento es un pecado. Ahora bien, no me malentienda. Usted puede tener una casa hipotecada, o puede estar pagando un coche de a poco. Eso no es deuda. Una deuda es cuando uno se atrasa en un pago y le debe dinero a otra persona que no le está dando, y eso es robar.

Aquí hay un texto: "Todo lo puedo en Cristo que me fortalece", que significa que puedo manejarme con el dinero que ingrese o deje de ingresar. Y uno nota que la razón por la que puede hacer eso es porque está satisfecho. Algunas de las personas más pobres del mundo que he conocido —por ejemplo, en India, viviendo en la calle— están sorprendentemente satisfechas. Siempre me han desafiado, porque están tan satisfechas. Es un gran don estar satisfecho con lo que uno tiene, y no querer lo que tiene el vecino de la otra cuadra, y no envidiar a otros, y no querer seguirles el tren, y no responder a cada publicidad de la televisión que uno ve. Estar satisfechos y no querer tanto. Actualmente, en Gran Bretaña, todos están viviendo por encima de sus ingresos. Todos, porque el gobierno está endeudado, ya que toma prestado dinero cada año. En realidad, piden prestados miles de libras por cada persona en Gran Bretaña, para mantener nuestro estilo de vida. Estados Unidos está en el mismo barco, y su deuda nacional se está disparando para mantener a sus ciudadanos en su estilo de vida.

Nuestro gobierno dijo al pueblo británico que tienen que hacer recortes, tienen que pagar sus cuentas, que tienen que recortar el estilo de vida. Hemos visto protestas y disturbios, ya que las personas no quieren ver que su estilo de vida se reduzca. Estamos viviendo del dinero de nuestros nietos. Ellos tendrán que devolverlo. Creo que es perverso, robar a nuestros nietos, pero todos lo estamos haciendo. Pablo dice: "Todo lo puedo en Cristo que me fortalece. Sea que entre mucho dinero o poco, estoy satisfecho". ¡Qué declaración! ¿Acaso eso no convierte a este texto en pertinente para todos nosotros ahora?

Así que esos números de textos son los que nos han convertido en "personas de textos", y citamos un texto así y un versículo así, y pensamos que lo citamos correctamente. Creemos que lo hemos entendido, aunque hemos ignorado los versículos que lo rodean, porque podemos citar el capítulo y el versículo de una afirmación específica de la Biblia. Lamento insistir en esto, pero es un punto muy importante para mí.

Volvamos a lo que estaba diciendo: lea la Biblia de un libro por vez. Simplemente siéntese y lea todo el libro antes de estudiar nada. No estudie simplemente partes de un libro primero. Estudie el libro primero y asegúrese de que entienda por qué ese libro fue escrito, y qué tipo de libro es.

He escrito unos cuantos libros, como sabrá, y algunos son muy malentendidos. Escribí un libro llamado *El nacimiento cristiano normal* acerca de cómo convertirse en cristiano. La Biblioteca Británica, que recibe una copia de todo libro publicado en Gran Bretaña y la categoriza o clasifica para las bibliotecas públicas del país tomó mi libro, ¡y lo clasificó bajo Ginecología! Así que mi libro va a todas las bibliotecas públicas bajo la sección Medicina. Recibí algunas cartas muy interesantes de médicos y enfermeras, pero no tienen nada que ver con la ginecología. Luego mi libro *The Road to Hell* (El camino al infierno) fue publicitado en una revista británica así: "Lea la autobiografía de David Pawson, *El camino al infierno*", y no tiene nada de eso.

Cuando lea un libro de la Biblia asegúrese de entender qué es el libro. Tome un ejemplo sencillo. Hay un libro de la Biblia que se llama Proverbios. Extrañamente, está lleno de proverbios; no es un libro de promesas. Se llamaría Promesas si fuera un libro de promesas que Dios la ha hecho, pero no, es un libro de proverbios. Ahora, un proverbio no es una promesa, pero casi cada vez que he escuchado a un predicador citar el libro de Proverbios lo ha citado como si fuera una promesa que uno reclama de Dios. Un proverbio es casi siempre verdadero, pero no siempre. Es una observación de la vida que por lo general es cierta, pero no siempre. Por lo tanto, uno no puede reclamarlo como una promesa que siempre funciona. Si uno convierte al libro de Proverbios en un libro de promesas tendrá verdaderos problemas, y algunas desilusiones. Tome un par de ejemplos. Hay un versículo en Proverbios que dice: "Instruye al niño en el camino correcto, y aun en su vejez no lo abandonará". Hay padres que lo han reclamado como una promesa. Conozco a muchos padres cristianos que lo han reclamado como una promesa. Han criado a sus hijos en el camino cristiano, y sus hijos han crecido y lo han rechazado. Han tomado otro camino, y la "promesa" no se cumplió. Por lo general ocurre, a menudo ocurre, que si comparte el evangelio con sus hijos permanecerán en él. Pero no siempre. No siempre es cierto, y habrá padres dolidos y desilusionados. No es una promesa.

El libro de Proverbios también dice: "Reconócelo [al Señor] en todos tus caminos, y él allanará tus sendas". Por lo general, se cumple, pero no siempre. No es una promesa que él le dará guía en todo momento. Si trata de reclamar ese versículo como una promesa, debe recordar que es un proverbio, y un proverbio es un proverbio. Es una observación general de cómo funciona la vida. Es para darle sabiduría.

Los proverbios pueden contradecirse. Hay dos versículos en el libro de Proverbios que se contradicen directamente. La sabiduría consiste en saber cuándo un proverbio se aplica a una situación y cuando a otra, porque los proverbios le dan sabiduría, sabiduría general. Si usted lee y estudia el libro de Proverbios será una mejor persona. Será una persona más sabia. Tomará mejores decisiones, pero no los reclame como algo que siempre funciona para usted. Sería un error. Por ejemplo, en inglés tenemos dos proverbios. "Más prisa, menos velocidad" es uno, y el otro es "El que titubea está perdido". Se contradicen entre sí. "Más prisa, menos velocidad" significa que no hay que apurarse. "El que titubea está perdido" (y tenemos una versión distinta: el que titubea está a diez millas de la próxima salida, una especie de proverbio de la autopista) le está aconsejando no ser lento. La sabiduría viene de saber cuándo apurarse y cuando ir lento, pero no debe reclamar a ninguno como la palabra correcta siempre para la situación correcta, porque lo ha convertido en una promesa.

Fue Salomón quien recopiló los proverbios del libro, y los recopiló de afuera de Israel además de adentro. La sabiduría no está restringida al pueblo de Dios. Los proverbios comunes contienen muchas observaciones prácticas sobre la vida que son útiles, aun para los cristianos. Salomón escribió tres libros de la Biblia que se le atribuyen: Cantares, Proverbios y Eclesiastés. Si quiere entender esos tres libros, tiene que imaginar qué edad tenía Salomón cuando los escribió. En Cantares, es obviamente un joven profundamente enamorado, tan lleno de pensamientos de su chica que no menciona a Dios una sola vez. Y no es el primer joven en ser así: tiene todos sus pensamientos puestos en una joven y se olvida de todos los demás, aun Dios mismo. Pero ahí está, y lo escribió cuando era un joven.

Cuando uno llega a Proverbios, es bastante diferente. Comienza diciendo: "Ahora, hijo mío, cuídate de las mujeres. Son peligrosas. No dejes que te engañen las mujeres malas". ¿Qué edad tiene? Está en la mediana edad. Ya ha tenido sus excesos juveniles. Ya ha cometido sus propios errores. Es lo que hace la gente de mediana edad. Una vez estaba en una familia y escuché a la hija adolescente decir a sus padres: "¿Qué hicieron a mi edad para que estén tan preocupados por mí?". Y creo que es una de las preguntas más devastadoras que he escuchado hacer a un adolescente a sus padres. Pero aquí Salomón está en el libro de Proverbios: "Ahora, hijo, cuídate de las mujeres malas. Te atraparán". Está en la mediana edad cuando escribe Proverbios, y las personas de mediana edad hablan algo diferente de los jóvenes.

Entonces llegamos a Eclesiastés, y dice: "Recuerda a tu Creador cuando eres joven, antes que los dientes sean pocos, antes que los ojos sean débiles, antes que las piernas empiecen a temblar antes que no puedas escuchar el canto de las aves". ¿Qué edad tiene ahora? Es un hombre anciano mirando atrás a la vida. Está intentando desesperadamente impedir que los jóvenes terminen tan desilusionados como él. Porque él terminó la vida diciendo que todo era inútil, sin sentido, que todo había sido una pérdida de tiempo. Imagínese llegar al final de la vida sintiendo que ha malgastado la única oportunidad que tendrá jamás de vivirla. Es que la sabiduría consiste en aprender a tomar las decisiones correctas, a hacer las elecciones correctas. Usted tiene una sola vida para vivir. Nunca volverá a tener el día de hoy, que está pasando rápidamente, y cuando llegue a mi edad pasa muy rápido. Tengo una teoría al respecto. Cuando tenía veinte años, un año era la veinteava parte de mi memoria. Cuando tenía cuarenta, un año era la cuarentava parte de mi memoria. Cuando tenía sesenta, un año era una sesentava parte. Cuando tenía ochenta, un año era una ochentava parte. Y supongo que ésa es la razón por la que, al envejecer, la vida pasa cada vez más rápido. Sea correcta o no mi teoría, es lo que ocurre: la vida va cada vez más rápido cuanto más uno envejece. Y uno puede llegar al final de la vida lleno de pesares por las elecciones incorrectas que ha hecho, al tiempo perdido en su vida. Eclesiastés finaliza diciendo: "Recuerda a tu Creador". Puedo verlo a Salomón temblando y diciendo a los jóvenes: recuerda a tu Creador en los días de tu juventud, antes que las piernas te traicionen, etc., etc., antes que todo ocurra. Es que cuando era joven se olvidó del Señor, y por eso Dios no aparece en Cantares. Ahora está advirtiendo a los jóvenes, para que no pierdan su oportunidad en la vida. Termina diciendo: "Teme a Dios y ama sus mandamientos". Y yo, como un hombre anciano, quiero decir a los jóvenes: recuerden a su Creador. Tómelo de un "viejo simpático y amable", ¡como he sido descrito en Twitter!

Estamos viendo el lado humano de los libros ahora, y estamos reconstruyendo la situación humana de la cual surgió el libro. Eso lo ayuda a entender por qué ese libro fue escrito, y por qué es diferente de cualquier otro libro. Busque la historia humana detrás del libro.

¿Es cierto todo lo que está en la Biblia?

Permítame decir algo ahora que sé que alguien pondrá en Twitter: Hay cosas en la Biblia que no son ciertas. ¡Ahí tiene algo en que pensar! ¡Vaya, si se verá con grandes luces!

Tomemos algunos ejemplos. En el libro de Eclesiastés, uno de los versículos dice esto: "He encontrado un hombre entre mil que pude respetar, pero ninguna mujer". ¿Es cierto esto? Era cierto para Salomón, porque él tenía setecientas esposas y trescientas concubinas, y si uno ha jugado con mujeres como lo hizo él, pierde todo respeto por las mujeres. Ésa es la verdad de este versículo. Era cierto para él, pero no lo tome como la verdad de Dios para usted.

O tome un ejemplo más grande: el libro de Job. La mayor parte de Job no es cierta. Es un registro cierto de lo que dijeron los "consoladores" de Job: Elifaz, Bildad y Zofar. Encontraron a Job lleno de autocompasión, sentado en una pila de cenizas, cubierto de forúnculos. Había perdido su trabajo y sus hijos, y su esposa los estaba maldiciendo a él y diciéndole que maldijera a Dios. Pero él rehusó maldecir a Dios por todos los desastres, y fue a sentarse en la pila de cenizas. Los tres amigos vinieron a hablar con él. La esencia de lo que dijeron a Job era que él debía saber que había sido un hombre malo para sufrir tanto, un verdadero pecador. Con razón estaba sufriendo tantas pérdidas: familia, trabajo, salud. ¡Y estaban equivocados! Al final del libro de Job, Dios dice que estaban equivocados. Ésa no era la verdadera razón por la que Job estaba sufriendo. La verdadera razón de su sufrimiento era que Satanás había desafiado a Dios en el cielo, diciéndole que las personas lo amaban porque era bueno con ellas, y que si dejaba de bendecirlas lo maldecirían. Y Dios había dicho: "Pruébalo". Entonces Satanás había arrojado todo lo que tenía a Job para intentar hacer que Job maldijera a Dios y perdiera su fe, y Job había rehusado perder su fe. Se aferró a su fe aun cuando sus amigos le dijeron que confesara sus pecados para que Dios volviera a bendecirlo.

En realidad, al final del libro Dios trata con Job directamente, y le dice algo muy inusual. Job estaba muy deprimido, y Dios le dice: "Cuando estás deprimido, medita en el hipopótamo". Creo que es un consejo hermoso, ¿no le parece? Inténtelo la próxima vez que esté deprimido y preocupado; solo piense en el hipopótamo. Bueno, curó la depresión de Job y salió de ella. Lo que quiero decir es que el hipopótamo es un animal tan ridículo. ¿Cómo podría Dios crear una cosa tan absurda? Pero cuando uno medita en eso, uno se anima. Job lo hizo, y dijo: "Señor, lamento haber dudado de ti alguna vez. Lamento haber refunfuñado. Lamento haberme quejado". Entonces Dios volvió a bendecirlo con otra familia, con un nuevo trabajo, y se volvió rico y próspero. Es una historia asombrosa, pero cada uno de esos consoladores, sus supuestos amigos, le estaba dando malos consejos, que no eran ciertos. Estaban seguros de que debía haber pecado más que ninguna otra persona para merecer esto. Pero todo se debía a una trama en el cielo, no en la tierra. Se debía a que el diablo había dicho: "Las personas solo creen en ti Dios porque las bendices. Quítales la bendición y te maldecirán". Satanás estaba equivocado. Job no siguió el designio de Satanás, y Dios fue reivindicado ante Satanás. Entonces, como había convertido a Job un ejemplo de alguien no bendecido, lo bendijo más que nunca al final del libro. Es una historia hermosa. Es uno de los libros más viejos de la Biblia, probablemente escrito alrededor del tiempo de Abraham. Una historia hermosa. Cuando sienta que la vida es injusta y que Dios ha sido injusto, lea el libro de Job y luego medite en el hipopótamo.

Después, en el medio del Antiguo Testamento, tenemos los libros de Reyes y los libros de Crónicas, los cuales cubren la misma historia de Israel. Y cuando vamos al Nuevo Testamento, hay cuatro Evangelios: Mateo, Marcos, Lucas y Juan. ¿Por qué cuatro?

Las repeticiones tienen un propósito

Estas repeticiones tienen un propósito, y le daré una pista de por qué Reyes y Crónicas se superponen. Reyes fue escrito por un profeta, y Crónicas, por un sacerdote. Uno fue escrito antes del exilio, cuando el pueblo fue llevado a Babilonia, y el otro fue escrito después. Por eso son diferentes. Cuando el profeta escribió la historia de Israel, les contó todas las cosas malas que había hecho Israel, que habían merecido el exilio, y por qué Dios los había castigado. Así que tiene a David y Betsabé ahí, con ese asunto sórdido, y todos los malos reyes de Israel. Pero cuando Crónicas describe la misma historia, resalta las buenas cosas de Israel, porque cuando volvieron del exilio toda una generación había muerto, y necesitaban recuperar tres cosas que corrían peligro de perder por ese intervalo.

Primero, necesitaban recuperar su sentido de *pertenencia*. Necesitaban que les dieran un largo árbol genealógico, desde Adán hasta su propio tiempo. Por eso los primeros capítulos de Crónicas tienen todos esos "engendró". Ahora conocían sus raíces familiares. Es tremendamente bueno conocer nuestras raíces. Hay un ejemplo de un hombre negro en Estados Unidos que escribió un libro llamado *Raíces*, que se ha convertido en una película. El hombre rastreó sus raíces africanas. Uno encuentra su identidad cuando conoce sus raíces, cuando sabe de dónde ha venido. Lo ayuda a saber hacia dónde se dirige. La primera cosa que necesitaban cuando volvieron del exilio era conocer sus raíces. Así que tuvieron seis capítulos de todos esos nombres, que no están en el libro de Reyes, aunque ambos cubren el mismo período.

La siguiente cosa que necesitaban recuperar era su *realeza*. Habían tenido un rey hasta que fueron al exilio, y ahora debían redescubrir la línea real de David. Así que Crónicas les dice dónde se encuentra esa línea real ahora, para que puedan mirar hacia adelante, para volver a tener un rey.

La otra cosa que realmente necesitaban volver a encontrar era su *religión*. De modo que Crónicas nos cuenta la historia de la religión de Israel. Es el mismo período de historia que Reyes, pero es con un propósito bastante diferente. Ahora, cuando leemos esos dos libros, no preguntaremos por qué los dos libros cubren la misma historia. Son desde puntos de vista completamente distintos, y ésa es la clave de la superposición.

¿Por qué cuatro Evangelios en la Biblia?

Ocurre lo mismo con los cuatro Evangelios, que se superponen. Hay cosas que se repiten por lo menos en tres de los Evangelios, y uno se pregunta por qué. ¿Por qué Dios no podría habernos dado un solo Evangelio, para poder leer la historia de Jesús de una sola vez? Algunas personas han intentado poner los cuatro Evangelios en una única historia. Es una tarea muy difícil. Se intentó por primera vez unos mil años atrás. Luego un escritor de novelas de detectives en mi pueblo en Inglaterra intentó hacerlo. Había escrito varias historias de detectives, pero un libro se llamó *The Four Gospels in One Story* (Los cuatro Evangelios en una historia). Lo escribió, pero es un lío, porque necesitamos cuatro Evangelios para ver a Jesús desde cuatro ángulos distintos. Uno obtiene una imagen más completa de alguien cuando tiene un diferente aspecto de su carácter y su actividad. Hablando en términos generales, Mateo presenta a Jesús como Rey de los judíos, Marcos lo presenta como el Hijo del hombre, Lucas lo presenta como Salvador del mundo y Juan lo presenta como Hijo de Dios. Esto le da a usted un hermoso cuadro de Jesús en por lo menos cuatro de sus funciones.

Pero hay más. Mateo, Marcos y Lucas son llamados Evangelios sinópticos, porque sinóptico significa: ver junto (*syn* – junto; *optico* - ver). Los Evangelios sinópticos miran a Jesús desde un punto de vista similar, lo ven desde afuera, mientras que el Evangelio de Juan mira a Jesús desde adentro. Esta es la principal razón por la que es tan diferente.

Así que ahora puede leer los cuatro Evangelios de otra forma, pero voy a decir más. De los cuatro Evangelios, dos fueron escritos para no creyentes, y dos para creyentes. De los dos para creyentes, uno está escrito para creyentes jóvenes —nuevos creyentes— y el otro, para creyentes maduros. ¿Sabe cuál? Uno puede entregar el Evangelio incorrecto a un no creyente. ¿Cuáles dos fueron escritos para no creyentes? Marcos y Lucas. Marcos les dice lo que Jesús *hizo*, y Lucas les dice, además de Marcos, lo que Jesús *dijo*. ¡Luego apareció Juan y les habló de quién *era* Jesús!

Cuando muere una persona importante, el interés en ella pasa por tres fases. Lo primero es la nota en el obituario, que simplemente indica lo que la persona hizo. Luego la gente comienza a interesarse en lo que dijo, y se publican sus discursos y cartas. La tercera fase es cuando alguien escribe un libro donde analiza a la persona y nos cuenta quién fue, desde adentro. Encontramos esta progresión en los cuatro Evangelios. Marcos nos dice lo que Jesús hizo, Mateo y Lucas agregan lo que Jesús dijo, y luego Juan nos dice lo que era Jesús. La visión madura que tenemos en el Evangelio de Juan fue escrita en último lugar.

Ahora bien, Mateo fue escrito para creyentes nuevos, y Juan fue escrito para creyentes viejos. La misma parábola en dos Evangelios diferentes tiene un mensaje diferente. Tome la parábola de la oveja perdida. Aparece en Mateo y Lucas, pero en Lucas la oveja perdida es un no creyente que necesita ser encontrado, mientras que en Mateo la oveja perdida es un creyente perdido que necesita ser traído de vuelta. En Lucas, la parábola de la gran fiesta es para no creyentes que son invitados a ir y ocupar su lugar en la fiesta, pero en Mateo el énfasis está en el hombre que no cambió su ropa y fue arrojado de la fiesta, "porque muchos son llamados, pero pocos escogidos" al final. Así que, aun la misma parábola de Jesús que obviamente contó en más de una ocasión tiene un mensaje diferente, porque los libros donde aparece están dirigidos a personas diferentes.

Y Mateo, por supuesto, no estaba dirigido solo a nuevos creyentes sino a nuevos creyentes *judíos*, y tiene un enfoque particular para ellos. Así que cuatro Evangelios, todos diferentes. Y solo entenderá lo que hay en cada Evangelio cuando sepa para quiénes fue escrito y por qué. Entonces ese Evangelio tendrá más significado para usted.

Cartas en la Biblia

Volvamos a otro tipo de libro en la Biblia, porque hay muchos tipos diferentes de libros: libros de cantos, libros de historia, libros legales y cartas. Ahora bien, cuando uno lee una carta, tiene un problema: no sabe cuál era la situación a la que estaba dirigida la carta. Permítame ilustrarlo usando los teléfonos celulares. ¿No se está cansando de escuchar a personas hablando atrás de usted y, cuando se da vuelta, encuentra que están hablando por su celular? ¿O cuando toma un autobús o un tren, y escucha a alguien hablando por teléfono, escuchando solo un lado de la conversación y su cerebro trata de dilucidar qué está ocurriendo en la otra punta? ¿Ha tenido esa experiencia? Imaginémoslo por un instante: "Hola, ¿ha llegado? De acuerdo. Oh, ¡felicitaciones! ¿Cuánto pesa? ¿De qué color es? ¿Es a nafta o diésel?". ¿Se da cuenta a lo que me refiero? Su cerebro está intentando descifrar lo que la otra persona estaba diciendo, y no estaba hablando de un bebé, aunque estoy seguro que fue lo que pensó. Cuando tiene una carta que escribió Pablo, no sabe lo que estaba ocurriendo en el otro extremo. Tiene que adivinar lo que andaba mal leyendo la carta. Por lo general había algo que andaba mal, porque él no escribía cartas a menos que fuera así. De modo que, cuando lea una carta, tiene que preguntar lo que estaba ocurriendo en el otro extremo. ¿A qué situación corresponde? Porque toda correspondencia corresponde a una situación. El escritor habla de lo que ocurre en la otra punta. Bueno, es así como un lee una carta. No la lee de la misma forma que lee un libro de historia, o un libro legal o un libro de cantos. Un libro de cantos es para cantar; ésa es la mejor forma de leer un libro de cantos. Cántese una canción mientras lo lee.

Lea la Biblia de a un libro por vez

Lo que le he estado diciendo hasta ahora es que cada libro de la Biblia es diferente, y uno lee la Biblia de un libro por vez. Por eso escribí el libro *Abramos la Biblia*, para ayudar a las personas a hacer precisamente eso. Aliento a las personas a no intentar leer la Biblia de punta a punta. Más bien, busque el capítulo de mi libro que estudiará y luego lea ese libro como un todo. Demasiadas personas leen partecitas primero y todo el libro al final, o tal vez nunca llegan a leer el libro completo. Si usted lee pedacitos nunca obtendrá el mensaje de la Biblia. Tal vez obtenga alguna ayuda devocional, pero si quiere estudiar la Biblia tiene que ser un libro a la vez.

¿Por qué estudiar la Palabra de Dios?

Ahora quiero hablarle acerca de por qué Dios quiere que estudie su Palabra. ¿Por qué lo hacemos? Se trata de motivación; debemos tener un buen motivo, porque requiere tiempo. Había un empresario en Nueva Zelanda que conocí, y se levantaba una hora antes de lo que acostumbraba, y se dio cuenta de que podía dormir una hora menos. Su propósito era estudiar la Biblia una hora cada mañana. Pasó a ser una persona famosa en todo el mundo para Dios: Bill Subritzky. Nunca habría llegado a ser conocido en todo el mundo como un siervo de Dios si no hubiera decidido levantarse una hora antes para leer la Biblia. Pero estaba motivado para hacerlo, *quería* hacerlo. ¿Por qué quería hacerlo? ¿Qué sentido tiene llegar a conocer la Biblia? Bueno, la Biblia no lo hará más inteligente, ni lo hará rico, así que uno no la lee por ninguna de esas razones. La Biblia dice que lo hará sabio. ¿Quiere ser sabio? Entonces éste es el libro que tiene que estudiar. Si quiere ser inteligente, vaya y saque otro libro de la biblioteca. Si quiere ser rico, hay bastantes libros sobre el tema. Pero si quiere ser sabio, entonces la Biblia es el libro a leer. ¿Por qué? Porque ser sabio es hacer la elección correcta, tomar la decisión correcta en cada etapa de la vida, de modo que uno no malgaste nada de ella. Así que léala y no llegará al final de la vida habiéndola malgastada y lleno de pesar por lo que podría haber sido.

Cómo la Biblia lo hace sabio

Ahora, ¿cómo puede la Biblia hacerlo sabio? La respuesta es muy sencilla: porque en este libro uno encuentra la verdad, y es la verdad lo que trae libertad. La libertad acerca de uno mismo, la verdad acerca de Dios y la verdad acerca del mundo en el que vivimos. Una vez que uno conoce la verdad acerca de estos tres temas vitales y luego actúa de acuerdo con la verdad y toma las decisiones correctas, tendrá una vida sabia y llegará al final de ella con pocos pesares. Conocer la verdad acerca de uno mismo no es muy cómodo. Una querida señora me dijo: "Yo no leo la Biblia; la Biblia me lee a mí". Supe exactamente lo que quería decir. Otra persona me dijo: "Cada mensaje en la Biblia tiene mi nombre y dirección escritos en él". De nuevo, supe lo que quería decir. Cuando uno mira la Biblia, la Biblia misma dice que está mirando en un espejo, y uno verá exactamente lo que es. Es que la mayoría de nosotros tenemos una idea errónea acerca de nosotros. Algunos tienen un complejo de inferioridad; se sienten inferiores a todos los demás.

Más personas tienen un complejo de superioridad; tienen una visión demasiado elevada de sí mismas. Una visión demasiado alta o demasiado baja de uno mismo puede ser terriblemente peligroso. Es irreal, ya que uno no se ha aceptado a sí mismo tal como es realmente.

Pero la Biblia le dice la verdad acerca de usted. No siempre es cómodo, pero es muy útil saber cómo es realmente. Si no pensaba que era un pecador, intente solamente leer la Biblia y encontrará que lo es. Pero le dirá no solo lo que es, sino que le dirá lo que puede llegar a ser. Algunas personas piensan que solo le dirá lo que tendrían que ser. Bueno, lo hace, pero solo lo hace con el propósito de decirle lo que puede ser. Eso es hermoso: averiguar quién es realmente, lo que debería ser, y luego la buena noticia: que usted puede ser. Y se da cuenta que Dios ha planeado una vida para usted que él quiere que tenga, y encajará con usted como no encaja en ninguna otra persona. Jamás intente ser como nadie más. Sea usted mismo en Cristo. Sea lo que Dios quiere que sea, y eso le dará una vida satisfactoria, a medida de usted. Encontrar la verdad acerca de usted, la verdad acerca de lo que es, la verdad acerca de lo que debería ser y la verdad acerca de lo que puede hacer en Cristo es un descubrimiento hermoso y vital. Así podrá aprovechar al máximo su vida, aun cuando sea un poco desagradable al principio.

Los antiguos griegos acostumbraban decir que el secreto de la sabiduría era "conocerse uno mismo". Pero, ¿quién de nosotros puede conocerse correctamente? No demasiado alto, no demasiado bajo, sino justo lo correcto. Llegar a conocerse como realmente es, como debería ser y como puede ser. Solo la Biblia se lo dirá.

Sobre todo, le dice la verdad acerca de Dios. Usted sabe cómo él es realmente solo si lee toda la Biblia. Si solo lee pedacitos, tendrá una visión distorsionada de Dios, porque solo está sacando las partes que le gusta y pasando por alto las que no le gustan. El Dios de la Biblia es el Dios que ama y odia, es un Dios que sana y mata, es un Dios que bendice y maldice. Pero no hace ninguna de esas cosas arbitrariamente. No existe tal cosa como la buena suerte y la mala suerte con Dios. Él lo hace todo porque es justo, y por lo tanto es consistente en carácter. Uno necesita conocer a Dios como es, no como le gustaría que fuera o como piensa que es, ¡sino como *realmente* es! Y hay un solo libro que le da toda la verdad equilibrada acerca de Dios.

Luego le dirá la verdad acerca de cómo usted se relaciona con Dios, y cómo puede relacionarse con él, y cómo puede llegar a ser un hijo o una hija en su familia. Solo la Biblia se lo puede decir. Es lo que dice en una carta del Nuevo Testamento: "las escrituras pueden hacerte sabio para la salvación". Le puede decir cómo puede ser salvado de usted mismo, y ¡qué gloria es eso, qué gozo! Al leer el Antiguo Testamento y el Nuevo Testamento, uno obtiene el cuadro completo de este Dios, y sabe cómo es realmente. Llega a conocer sus pensamientos: cómo piensa, cómo piensa acerca de usted, cómo piensa acerca del mundo. Llega a conocer sus sentimientos. ¿Sabía que Dios tiene sentimientos también? ¿Sabe que, este mismo día, cada uno de nosotros ha hecho que Dios esté feliz, triste o enojado? ¿Sabe cómo se siente Dios acerca de usted? Eso es muchísimo más importante que cómo se siente usted acerca de él, porque su futuro depende de cómo él se siente con relación a usted. Nosotros afectamos sus sentimientos, y la Biblia está lleno de sus sentimientos.

Dios lamenta cosas, se desilusiona, está contento, silba, canta; está todo ahí. Cuando está contento por nosotros, canta. ¡Ahí tiene un pensamiento! ¿Alguna vez se dio cuenta de eso? Estamos tan ocupados cantándole a él, que nos olvidamos que él canta por nosotros. No solo descubrimos sus sentimientos, sino sus intenciones, su voluntad. Y es vital, si queremos aprovechar al máximo la vida que nos ha dado, que pasa tan rápidamente, que averigüemos su voluntad para nosotros, y que la hagamos. ¡Cuando uno llega a conocer los pensamientos y los sentimientos de una persona, la conoce! Y conocer a Dios es una experiencia rica, y la principal razón por la que nos creó: para buscarlo, encontrarlo y conocerlo. No solo la verdad acerca de él, sino que este libro le dirá la verdad acerca de este mundo, de dónde vino, por qué vino, por qué estamos aquí, a dónde va el mundo, cómo finalizará la historia. Ningún otro libro puede decirle eso. Le dirá cómo terminará, con un nuevo comienzo del que podemos participar. ¿No es asombroso? En otras palabras, uno aprende a tener una visión de largo plazo de la vida, y no de corto plazo. Tener una visión de corto plazo es concentrarse en lo que podemos hacer hoy para disfrutar. Toner una visión de largo plazo es considerar que lo que hago hoy afectará el futuro. Es sabio prepararse para el futuro. Es necio no pensar el él. Vivir para hoy es el corazón del existencialismo. Vivir para el hoy es necio, muy necio. Vivir para mañana y el futuro es sabio.

De modo que la Biblia nos habla acerca de nuestro mundo, de dónde vino y hacia dónde va, y nos ofrece un lugar, no solo ahora sino en el futuro para siempre. Cómo y dónde pasamos ese futuro depende de cómo usamos nuestro presente. Una vez que nos damos cuenta de eso, tomamos una visión de largo plazo. La Biblia dice que el pecado es placer, ¡por un tiempo! No dura. Nada más durará. La única cosa que usted puede llevar al futuro es su carácter, y es eso en lo que está interesado Dios. Él quiere que sea sabio y que produzca el carácter que puede producir en él, y que él desea para usted, y que creo que, en sus mejores momentos, usted anhela también. Es por esto que debería estudiar la Biblia.

Recuerde también que usted, la totalidad de usted, necesita responder a esa Palabra, como si Dios estuviera diciéndole sus pensamientos, sus sentimientos, su voluntad y sus intenciones. Él dice: "No quiero que solo *pienses* acerca de la Biblia, no quiero solo que *sientas* acerca de ella (aunque creo que sentir la Biblia es un paso adelante; hay personas que solo la piensan, pero cuando uno la siente, entonces está finalmente tocando sus emociones, ése es un paso adelante). Pero, en última instancia, son quienes *hacen* la Biblia, los que hacen la voluntad de Dios según la han descubierto en las escrituras, son las que progresarán realmente. Es que es un espejo, y si uno mira el espejo y dice: "No me gusta lo que veo" y se aleja, ha sido una pérdida de tiempo. Es lo que dice Santiago, cuando uno mira la Palabra de Dios y se ve uno mismo, entonces debe ser un *hacedor* de la Palabra, no solo un oidor. Porque es un libro de instrucción que Dios nos ha dado para que aprovechemos al máximo la vida que nos dio.

Gracias, Señor, por darnos ese Libro de instrucción y decirnos lo que podemos ser y lo que deberíamos ser y lo que, en Cristo, seremos. *Amén*.

ACERCA DE
DAVID PAWSON

David es un orador y autor con una fidelidad intransigente a las Sagradas Escrituras, que trae claridad y un mensaje de urgencia a los cristianos para que descubran los tesoros ocultos en la Palabra de Dios.

Nació en Inglaterra en 1930, y comenzó su carrera con un título en Agricultura de la Universidad de Durham. Cuando Dios intervino y los llamó al ministerio, completó una maestría en Teología en la Universidad de Cambridge y sirvió como capellán en la Real Fuerza Aérea durante tres años. Pasó a pastorear varias iglesias, incluyendo Millmead Centre, en Guildford, que se convirtió en modelo para muchos líderes de iglesia del Reino Unido. En 1979 el Señor lo llevó a un ministerio internacional. Su actual ministerio itinerante está dirigido principalmente a líderes de iglesia. David y su esposa Enid viven actualmente en el condado de Hampshire, Inglaterra.

A lo largo de los años ha escrito una gran cantidad de libros, folletos y notas de lectura diarias. Sus extensas y muy accesibles reseñas de los libros de la Biblia han sido publicadas y grabadas en *"Unlocking the Bible"* (*Abramos la Biblia*). Se han distribuido millones de copias de sus enseñanzas en más de 120 países, proveyendo un sólido fundamento bíblico.

Es considerado como "el predicador occidental más influyente de China" a través de la transmisión de su exitosa serie *"Unlocking the Bible"* a cada provincia de China por Good TV. En el Reino Unido, las enseñanzas de David se transmiten habitualmente por Revelation TV.

Incontables creyentes de todo el mundo se han beneficiado también de su generosa decisión en 2011 de poner a disposición sin cargo su extensa biblioteca audiovisual de enseñanza en www.davidpawson.org. Hemos cargado también hace poco todos los videos de David a un canal dedicado en **www.youtube.com**

VEA EN YOUTUBE
www.youtube.com/user/DavidPawsonMinistry

LA SERIE EXPLICANDO
VERDADES BIBLICAS EXPLICADAS SENCILLAMENTE

Si usted ha sido bendecido al leer, ver o escuchar
este libro, hay más disponibles en la serie.
Por favor regístrese y descargue más libritos
visitando **www.explicandoverdadesbiblicas.com**

Otros libritos en la serie *Explicando* incluirán:
La historia asombrosa de Jesús
La unción y la llenura del Espíritu Santo
La resurrección: *El corazón del cristianismo*
El estudio de la Biblia
El bautismo del Nuevo Testamento
Cómo estudiar un libro de la Biblia: Judas
Los pasos fundamentales para llegar a ser un cristiano
Lo que la Biblia dice sobre el dinero
Lo que la Biblia dice sobre el trabajo
Gracia: *¿Favor inmerecido, fuerza irresistible*
o perdón incondicional?
¿Eternamente seguros?
Tres textos que suelen tomarse fuera de contexto:
Explicando la verdad y exponiendo el error
LaTrinidad
La verdad sobre la Navidad

Tambien nos encontramos en proceso de preparar y subir estos
libritos que puedan ser comprados como copia impresa de:

www.amazon.co.uk o **www.thebookdepository.com**

ABRAMOS LA BIBLIA

Una reseña única del Antiguo y el Nuevo Testamento del internacionalmente aclamado orador y autor evangélico David Pawson. *Abramos la Biblia* abre la palabra de Dios de una forma fresca y poderosa. Pasando por alto los pequeños detalles de los estudios versículo por versículo, expone la historia épica de Dios y su pueblo en Israel. La cultura, el trasfondo histórico y las personas son presentados y aplicados al mundo moderno. Ocho volúmenes han sido reunidos en una guía compacta y fácil de usar que cubren el Antiguo y el Nuevo Testamento en una única edición gigante. El Antiguo Testamento: *Las instrucciones del fabricante* (Los cinco libros de la Ley), *Una tierra y un reino* (Josué, Jueces, Rut, 1-2 Samuel, 1-2 Reyes), *Poesías de adoración y sabiduría* (Salmos, Cantares, Proverbios, Eclesiastés), *Declinación y caída de un imperio* (Isaías, Jeremías y otros profetas), *La lucha por sobrevivir* (1-2 Crónicas y los profetas del exilio) – El Nuevo Testamento: *La bisagra de la historia* (Mateo, Marcos, Lucas, Juan y Hechos), *El decimotercer apóstol* (Pablo y sus cartas), *A la gloria por el sufrimiento* (Apocalipsis, Hebreos, las cartas de Santiago, Pedro y Judas).

JESÚS LAS SIETE MARAVILLAS DE SU HISTORIA

Este libro es el resultado de toda una vida de contar "la más grande historia jamás contada" por todo el mundo. David la volvió a narrar a varios cientos de jóvenes en Kansas City, EE.UU., que escucharon con un entusiasmo desinhibido, "twiteando" por Internet acerca de este "simpático caballero inglés" mientras hablaba.

Tomando la parte central del Credo de los Apóstoles como marco, David explica los hechos fundamentales acerca de Jesús en los que está basada la fe cristiana de una forma fresca y estimulante. Tanto los cristianos viejos como nuevos de beneficiarán de este llamado a "volver a los fundamentos", y encontrarán que se vuelven a enamorar de su Señor.

OTRAS ENSEÑANZAS
POR DAVID PAWSON

Lightning Source UK Ltd.
Milton Keynes UK
UKHW022114040520
362767UK00017B/3230